CRÉATION

D'UNE PRÉMIERE CHANOINIE D'HONNEUR
héréditaire pour Monseigneur le Comte DE
MAILLY, Marquis D'HAUCOURT, ses
Hoirs & Successeurs Chefs de sa Maison, dans
l'Eglise Cathédrale de Perpignan, à perpétuité.

ÇACHENT Tous Présents & avenir que le très-Illustre
Chapitre de l'Eglise Cathédrale d'Elne, transféré à Perpignan, solemnellement & extraordinairement assemblé dans
la Sale Capitulaire, au son de la Cloche, après convocation par le Massier & invitation faite à Messieurs les Dignitaires non Chanoines, dans lequel Chapitre présidant l'Illustrissime & Ré-
vérendissime Pére en Dieu, Monseigneur CHARLES FRANÇOIS-
ALEXANDRE DE CARDEVAC, DE GOUY, D'HAVRINCOUR, par
la Providence Divine & la grace du Saint Siége Apostolique, Evêque d'Elne,
transféré à Perpignan, Conseiller du Roy en tous ses Conseils; Présents Messieurs les Illustres & très-Révérends Messires, JOSEPH SERRA Docteur en Droit
canonique & civil, Grand Archidiacre, LOUIS SAUNIER Docteur en
Théologie, Chanoine Pénitencier, Archidiacre du Conflent, JEAN BA-
LANDA Conseiller-Clerc au Conseil Souverain de Roussillon, Grand Sacristain. JOSEPH COMA Docteur en Théologie. BERNARD SABALY.
GABRIEL BALLESSA Docteur en Théologie. Don PHILIPPE DE

A

Copons. Etienne Costa Docteur en Théologie. Don Antoine Baniuls Docteur en Théologie. Philippe Selva Docteur ès
Loix. Don Emmanuel De Guanter Docteur ès Loix. Paul
Trobat De L'Anclade. Jean Canta. François Serra Docteur en Théologie. Adrien Desbœufs. Denis Liquier.
Augustin Vidallier Docteur & Professeur de Théologie. Jacques Boher. Jean Maurell. François Ballessa Docteur en Théologie. Etienne Despre's Docteur de Sorbonne. Jean
Serra Coadjuteur & Docteur en Théologie. Tous Prêtres , & (à l'exception desdits Illustres & très-Révérends Messieurs le Grand Archidiacre , &
le grand Sacristain) Chanoines de ladite Eglise , faisant & représentant la
plus grande & plus saine Partie de leur très-Illustre Chapitre Cathédral.

Lesquels considérant la Naissance & Qualité de très-Haut & très-Puissant
Seigneur , Monseigneur JOSEPH-AUGUSTIN DE MAILLY,
Comte de Mailly , Marquis d'Haucourt , Baron de Saint-Amand , Chatelain
de la Roche de-Vaux , d'Ouvres la Faigne , & Port-Vaillain , Seigneur
d'Assigni , de Saint-Leger , Tincour , Saint-Marc , & autres Lieux , Lieutenant Général des Armées du Roy , Inspecteur Général de la Cavalerie &
des Dragons , Gouverneur d'Abbeville , Capitaine-Lieutenant Général du
Roussillon , Conflent , & Cerdaigne , Commandant en chef dans ces trois
Provinces ; D'une des plus illustres & plus anciennes Maisons du Royaume ,
élevée sur une Tige Majestueuse , dont les Racines vont se perdre sous les
fondements de la Monarchie , & dont les Rameaux viennent se rejoindre
à la Maison Royale , & à plusieurs autres Maisons Souveraines ; Appellée
par les droits du Sang à l'exercice de la Souveraineté-même , déja en
1050. qu'Anselme de Mailly partagea la Régence des Etats de Flandres par
sa qualité de plus proche Parent du Souverain ; Dévoüée depuis plusieurs
Siécles au maintien & à l'accroissement de l'Eglise , dont plusieurs ont oc-
cupé les Dignités les plus éminentes , & en ont défendu les droits ; d'autres l'ont soutenuë de leur credit , & enrichie de leurs biens , tels Garnier
de Mailly Restaurateur en 1045. de l'Abbaye de Saint Etienne de Dijon ;
après la mort duquel , Saint Odilon Abbé de Cluny fit faire les Priéres publiques qu'il venoit d'instituer pour les Morts ; Reignault de Mailly Bienfaiteur de l'Abbaye de Saint Aubert en 1119. Un autre de celle de Corbie
en 1123. Nicolas de celle de Saint Vast d'Arras , Milon de celle de Char-
lis , par des Donations de Dîmes , & plusieurs autres Biens ; Jean de Mailly
si considérable par sa Naissance & son autorité , qu'en 1235. le Pape Gré-
goire IX. l'établit Arbitre des Différents qui s'étoient élevés entre la même Abbaye de Corbie & la ville de Blangy ; Autre Jean de Mailly Fon-
dateur environ 1468. de trois Couvents de Cordeliers , l'un à Mailly , l'autre à Blangy , & le troisiéme à Pierre-Pont , effet d'une piété qui mérita
l'Approbation particuliere du Saint Siége , par une Bulle d'Aléxandre VI.
de 1499. Appliquée de tous les temps à la défense de la Religion , à laquelle un grand nombre ont consacré leurs services & leur vie , particu-

liérement dans l'Ordre de Saint Jean de Jérusalem, le seul convenable à
une Maison toute dévoüée à la Guerre, entre lesquels sont remarquables,
un Grand Prieur d'Auvergne & Grand Maréchal de l'Ordre tué au Siége
de Damiette; Guillaume Grand Prieur de France & Lieutenant du Grand
Maître en 1360. Eustache tué au Siége de Carthage en 1390. après la vic-
toire que les François remportérent contre le Roy de Tunis. Un autre si
redoutable aux infidéles, qu'il en étoit appellé le Saint George des Chré-
tiens. Zéle de la Religion dont la Branche de Mailly d'Haucourt a réüni
la séve qu'elle a trouvé dans le sang de la Maison d'Haucourt qui lui est
unie, dont l'une des principales libéralités pieuses, est la fondation que
fit dans sa Terre Hugues d'Haucourt de la Commenderie de Templiers,
sous le Titre de Ville-Dieu, passée dans le même Ordre, la seule de la
Réligion qui reléve d'un Seigneur particulier; attachée dès le commence-
ment de la Monarchie au soutien de la Couronne, pour lequel la plus
part ont versé généreusement leur Sang, & presque tous ont exposé leurs
jours & leurs biens, par une suite de cette valeur & de cette fidélité qui
fait le caractére d'une Maison unie au Souverain par les liens de l'Etat &
de la Parenté; Et parmi la foule que l'Histoire en présente, on peut s'ar-
rêter à Mathieu de Mailly, consacrant sa liberté en 1198. pour délivrer
son Roy Philippe Auguste d'une embuscade où il étoit tombé pendant la
Guerre contre les Anglois; Guillaume se distinguant sous Philippe de Va-
lois dans les deux fameuses Batailles contre les Anglois & les Flamands
de Mont-Cassel & de Creci; Jean surnommé l'Etendart de Mailly, à cau-
se de sa valeur, prenant séance dans les Etats de Tours immédiatement
après les Princes du Sang; Jean de Mailly Rumesnil se signalant avec
son Fils, à l'exemple des Horaces, dans le Combat particulier contre le
Gouverneur d'Hesdin & son Fils, pour fixer les limites de l'Artois & de
la France; Distingué par les hauts Faits & les grands Emplois de ceux
qui en sont issus, dont l'Un fut député dans le douziéme Siécle par tous
les Croisés, c'est-à-dire par cet Assemblage de Princes & de Principaux
Seigneurs de l'Europe, pour aller demander du secours au Pape, au Roy
de France, en Flandres & en Allemagne, l'Autre a été nommé au Gouvernement de l'Etat sous le Régne de Charles VI. Plusieurs en différents temps
ont été revêtus des Charges de Grand Chambellan, Grand Pannetier,
Grand Maître de l'Artillerie, & autres Charges importantes; Quelques uns
ont soûtenû la gloire de leur nom & répandû le bruit de leurs Exploits
jusques chez les Nations les plus éloignées, & en ont reçû l'hommage dû
à leur Extraction, & rapporté à la réputation qu'ils ont méritée par leur ma-
gnanimité & leur bravoure; Tel fut dans les derniers temps Jacques de
Mailly, qui, dans des circonstances critiques, d'épreuve & d'agitation,
vola au secours de Casimir Roy de Pologne & de Suéde, appaisa la Tem-
pête dont il soutint presque seul l'effort, & fut si solemnellement reconnû par
ce Souverain pour le Libérateur de ses Etats, que l'ayant fait Généralissi-
me de ses Armées, il se plaignoit encore d'être à peine assez puissant pour

4

le récompenfer, en ajoûtant que c'étoit aux Princes à compter tous les jours de fa vie par les Services qu'il leur avoit rendûs.

Instruits par la Renommée de l'éclat de fes Services en Allemagne, en Bohéme, en Flandres, fur le Rhin, en Italie, en Savoye, & en Saxe, où la Valeur & la Prudence l'ont également couronné, tels qu'aux Lignes de Veiffembourg, à la Bataille de Plaifance, au Combat du Tidon, au paffage du Var, aux Retranchemens de l'Affiette, & aux Batailles d'Haftembec & de Rosbac.

Rappellant dans leur fouvenir les Bienfaits fignalés dont il a comblé la Province de Rouffillon en général, depuis qu'elle a le bonheur de l'avoir pour Commandant, par fon application infatigable & continuelle à en procurer les avantages, fon attention à en maintenir le bon ordre, & à en entretenir la paix, la tranquillité & l'union, fes foins à l'enrichir d'établiffemens effentiels, en particulier d'une Académie qu'il a fait ériger pour les exercices en tous genres convenables à la jeune Nobleffe, & d'autres Monuments confacrés par leur utilité & par leur luftre à la Poftérité.

Témoins des graces qu'il n'a ceffé de répandre fur toutes les claffes de fes Habitans qui doivent, ainfi que le difoit de lui-même le Roy Cafimir à l'égard de Jacques de Mailly, *compter tous les jours de fa vie par les Services qu'il leur a rendûs*, ayant procuré à ces jeunes Eléves, qui lui devoient déja leur éducation par le fecours de l'Académie, des Emplois dans l'Etat Militaire, foutenû la Nobleffe de fon crédit par les récompenfes dûës à fes Services, l'élevation dont elle fe rend digne par fes talens & le maintien même de fa fortune, foulagé les Pauvres de toute efpéce par les nouvelles reffources qu'il a procuré aux Hôpitaux, excité l'émulation & les études par la protection qu'il accorde aux Lettres, la préfence dont il honore les exercices publics, & fon zéle pour le rétabliffement, l'éclat & les fecours de l'Univerfité, & maintenu l'harmonie entre le Sacerdoce & la Juftice en détruifant le germe qui auroit pû dans la fuite en produire le trouble, par la conciliation qu'il a faite, des honneurs mutuels du Prélat Diocéfain & du Tribunal Supérieur de la Province dans les fonctions les plus folemnelles.

Unis à leur Diocéfe & Province dans les fentiments d'amour, d'attachement & d'affection qu'il a fçû s'y concilier dans tous les cœurs, dont les marques les moins équivoques ont éclaté depuis peu, lorfque les périls glorieux qu'il effuya à Rosbac, laifférent pendant quelques jours dans l'incertitude & la crainte pour fa vie, par la trifteffe & la confternation qui faifit tous les Peuples qui la compofent, & qui n'a eu heureufement d'autre fuite que de donner un nouveau dégré de vivacité à la joye publique qu'excita la nouvelle de fa confervation.

Touchés de l'hommage ranimé par la vérité, foutenû par la reconnoiffance, & élevé par le refpect qui lui a été unaniment rendû par tous les Ordres & Etats lors de fon retour dans cette Capitale, non-feulement toute la Nobleffe, mais encore toutes les Claffes des Habitants, ayant ac-

couru des Campagnes même les plus écartées pour célébrer son entrée, té-
moigner leurs sentiments par des illuminations & acclamations publiques,
communiquer par leur concours, & leur réunion, à l'allégresse générale, une
nouvelle force, qui retraçoit l'émotion tendre de tous les cœurs, & s'entretenir de leur bonheur commun & de l'accomplissement de leurs souhaits.

Et d'ailleurs intimement pénétrés des services importants qu'il a rendus en particulier audit Chapitre Cathédral, ayant défendu ses biens &
revenus en le délivrant, par la protection royale qu'il lui a procurée, du
danger qu'il couroit de voir ses anciennes unions venir se briser contre
l'écueil des poursuites avides auxquelles ce patrimoine, sa principale res-
source, étoit exposé, maintenû les Priviléges communs audit Chapitre & à
toute la Province, engagé même les Intéressés à se départir des évo-
cations au Conseil du Roy qu'ils avoient obtenuës contre le Chapitre, mé-
nagé ses droits honorifiques & Priviléges particuliers, par l'accord qu'il a
sçû mettre entre Monseigneur l'Evêque & ce premier Corps Ecclésiastique
sur les contestations depuis long temps élevées au sujet de leurs prérogatives, Jurisdiction & autorité, se ressouvenant à cet égard, par la déférence
que le Prélat & son Chapitre ont eû pour sa Naissance & ses vertus, *dans
des mêmes pouvoirs & autorité que Jean de Mailly exerça en 1235. sur la
célébre Abbaye de Corbie par commission du Saint Siege*, Contestations
dont la fin paroissoit d'autant plus éloignée que la conciliation, que l'im-
portance de leur objet rendoit délicate, avoit d'ailleurs été plusieurs fois
vainement tentée, & les suites d'autant plus dangereuses qu'elles blessoient
l'harmonie nécessaire pour le gouvernement du Diocése, & la dépendance
intime qui lie les Membres au Chef ; Bienfaits qui portent ledit Chapitre
à le regarder comme le Restaurateur de ses droits, le Défenseur de ses
biens, l'Arbitre de ses différents, & le Conservateur de la paix, tranquillité & union dont il joüit & qu'il doit à sa prudence, ses soins & sa protection.

Sur lesquelles considérations, ledit Chapitre voulant s'empresser de
donner audit Monseigneur JOSEPH-AUGUSTIN COMTE DE
MAILLY, les marques les plus éclatantes de sa gratitude, & allier ses
vœux & ses sentiments particuliers à ceux du respect, de l'amour & de la
reconnoissance générale de toute la Province, après en avoir souvent confé-
ré pour rechercher les moyens les plus décents & honorables audit Chapitre,
& les plus dignes de mondit Seigneur Comte DE MAILLY, s'est arrêté au Titre & Qualité de Premier Chanoine d'Honneur héréditaire, que
quelques Chapitres de l'Eglise de France & de celle d'Espagne ont accor-
dé aux Grandes-Maisons, lorsque les services rendus à l'Eglise, à l'Etat,
au Chapitre de la Province, se sont joints à la haute Naissance, & en con-
sequence a députe par sa Délibération du vingt-huitiéme Juillet dernier,
dûëment controllée, quatre Commissaires, auxquels Monseigneur l'Evêque
a bien voulu se joindre, pour lui en faire l'offre, laquelle ayant été favo-
rablement accuëillie ;

Le très-Illuftre Chapitre de la Cathédrade d'Elne , transféré à Perpignan d'un commun accord & d'un avis unanime a créé & érigé , crée & érige par ces Préfentes valables à perpétuité , une premiére Chanoinie d'honneur héréditaire dans ledit Chapitre pour mondit Seigneur JOSEPH-AUGUSTIN COMTE DE MAILLY ; fes Hoirs & Succeffeurs Chefs de fa Maifon perpétuellement , pour joüir des droits, honneurs, émoluments & préféance qui y font attachés, ainfi qu'il s'en fuit ; Sçavoir : Que lorfque lefdits Seigneurs DE MAILLY arriveront en cette Ville , ledit Chapitre députera vers Eux quatre Chanoines, pour fçavoir s'ils veulent prendre poffeffion de leur Chanoinie d'honneur , & dans le cas qu'ils la voudront, lefdits Commiffaires après en avoir fait avertir le Chapitre, pour qu'il prépare tout ce qui eft néceffaire, accompagneront lefdits Seigneurs DE MAILLY jufqu'à la Porte principale de l'Eglife Cathédrale , où ils feront reçûs par tout le Chapitre, revêtus pour infignes d'un Manteau violet avec le revers d'Hermines, le collet auffi d'Hermines furmonté de rouge , le Chapeau orné de Plumes rouges & blanches, & de-là accompagnés dans le Chœur, où ils prendront la premiére place occupée ordinairement par le Grand Archidiacre, & pourront en orner l'accoudoir d'un Tapis de velours cramoifi , & mettre un grand Carreau fous les genoux ; & tout de fuite fera chantée la partie de l'Office qui conviendra à l'heure à laquelle lefdits Seigneurs DE MAILLY fe feront rendus à l'Eglife , avec la pompe & les folemnités du Chant, Mufique & illuminations accoutumées dans les plus grandes Fêtes, & leur feront données les diftributions manuelles : Cette Céremonie finie, lefdits Seigneurs DE MAILLY feront accompagnés par le Chapitre devant le maître Autel où ils feront leur Priere , après laquelle ils pafferont avec le même Cortége dans la Sale Capitulaire, où ils prendront la même place d'honneur, à côté du Préfident , orné des mêmes marques de diftinction d'un Tapis & d'un Carreau.

A QUOY préfent ledit Monfeigneur JOSEPH-AUGUSTIN COMTE DE MAILLY, Marquis d'Haucourt, accepte le Titre de ladite Chanoinie d'honneur, pour en joüir, enfemble fes Hoirs & Succeffeurs à perpétuité aux droits, prérogatives & préféance cy-deffus exprimés, promet & s'engage à défendre & protéger les droits, honneurs & biens dudit Chapitre & Eglife Cathédrale, ainfi & de la même maniére que le font & faire doivent pareils Protecteurs & Défenfeurs fpéciaux, décorés du Titre & Rang defdites Chanoinies d'honneur. FAIT, arrêté & convenû, lû & publié dans la Sale Capitulaire en cette ville de Perpignan, le fixiéme jour du mois d'Août, l'An de grace mil fept cents cinquante-huit. Régnant très Chrétien Prince LOUIS XV. par la grace de Dieu, Roy de France & de Navarre, ès prefence de la Nobleffe, du Corps Militaire, & de tous les Etats affemblés pour affifter à la préfente Céremonie, & fpécialement de Mrs. Pierre du Suc de Saint Affrique, Brigadier des Armées du Roy, fon Lieutenant au Gouvernement de cette Ville,

& Commandant cette Province , Et Jean Redon , Chevalier des Ordres
Royaux & Militaires de Saint Louis & Saint Lazare , & Commandant de
la Citadelle de cette Ville , Témoins qui ont signé avec lesdits Seigneurs
Parties ; Et moy Albert Ferriol Paſtor Notaire Royal , Collégié de ladite
Ville , Sécretaire dudit très-Illuſtre Chapitre Cathédral , ſtipulant conjoin-
tement avec Mr. Jean Andréu Notaire Royal & Collégié de la même Ville ;
Sécretaire de mondit Seigneur Evêque , qui a auſſi retenu Minute du pré-
ſent Acte , ſouſſignés. Signés à la Minute. *LE COMTE DE MAILLY.*
† *C. F. A.* Evêque d'Elne , transféré à Perpignan , autoriſant & confirmant
ladite Création de Chanoinie en faveur de l'Illuſtre Maiſon de Mailly.
SERRA Grand Archidiacre. *SAUNIER* Archidiacre du Conflent , Cha-
noine d'Elne. *BALANDA* Grand Sácriſtain d'Elne. *COMA. SABALY.*
G. BALLESSA. DON PHILIPPE DE COPONS. COSTA Chanoine d'Elne. DE
BANTULS DE MONTFERRE'. P. SELVA. DE GUANTER. L'ANGLADE. CANTA.
F. SERRA. DESBŒUFS. LIQUIER Chanoine. VIDALIER Chanoine. BOHER
Chanoine. MAURELL. BALLESSA-LACREU. DESPRES. SERRA. SAINT AF-
ERIQUE. REDON. REGNES. Le Marquis DE SAINT MARÇAL. Le Marquis
DE BLANES. DON ANTOINE DE ROS. Le Chevalier DOMS DE MONTALT,
Le Chevalier D'ORTAFFA. BERARD DE MONPLAISIR. LEGENDRE. BESOM-
BES. GARGAS. REVEST. SELVE. DE JORDA D'ORTEGA. NOGUER PAGE'S,
JAUBERT JORDA. Le Comte DE ROS. CARRERA. A. JAUBERT. GAFFARD.
COSTA. CASALS. BOMBES. FERRIOL Notaire Sécretaire. ANDRÉU Notaire
Sécretaire. *Controllé pour duplicata à Perpignan ce huit Août mil ſept cents
cinquante-huit. Reçû ſix livres , Signé, REVEST. J. A.*

Collationné ſur la Minute dépoſée dans la
Pratique du Notaire ſouſſigné
ANDRÉ'U , Notaire , Sécretaire.

PROCÉS-VERBAL

DE LA PRISE DE POSSESSION DE LA PREMIERE

Chanoinie d'Honneur héréditaire de la Cathédrale de Perpignan ; érigée en faveur de Monfeigneur le Comte DE MAILLY , Marquis d'HAUCOURT, & de fes Defcendans , à perpétuité.

TOUS ceux qui ces Préfentes verront foit notoire, que le fixiéme jour du mois d'Août mil fept cent cinquante-huit, dans la Ville de Perpignan , affemblé folemnellement & extraordinairement dans la Salle Capitulaire , au fon de la Cloche , après convocation par le Maffier & invitation faite à Meffieurs les Dignitaires non Chanoines, le très-Illuftre Chapitre de l'Eglife Cathédrale d'Elne, transféré à Perpignan, préfidant l'Illuftriffime & Révérendiffime Seigneur , Monfeigneur CHARLES-FRANÇOIS-ALEXANDRE DE CARDEVAC, DE GOÜY, D'HAVRINCOURT, par la Providence Divine & la grace du Saint Siége Apoftolique, Evêque d'Elne, transféré à Perpignan, Confeiller du Roy en tous fes Confeils ; & Préfents Meffieurs les Illuftres & très-Révérends Meffires, Jofeph Serra, Doéteur en Droit canonique & civil, Grand Archidiacre ; Louis Saunier, Doéteur en Théologie, Chanoine Pénitencier, Archidiacre du Conflent ; Jean Balanda , Confeiller-Clerc au Confeil Souverain de Rouffillon, Grand Sacriftain ; Jofeph Coma, Doéteur en Théologie ; Bernard Sabaly ; Gabriel Balleffa, Doéteur en Théologie ; Don Philippe de Copons ; Etienne Cofta , Doéteur en Théologie ; Don Antoine Baniuls , Doéteur en Théologie ; Philippe Selva , Doéteur ès Loix ; Don Emmanuel de Guanter , Doéteur ès Loix ; Paul Trobat de l'Anglade ; Jean Cauta ; François Serra , Doéteur en Théologie ; Adrien Desbœufs ; Denis Liguier ; Auguftin Vidalier , Doéteur & Profeffeur de Théologie ; Jacques Boher; Jean Maurel ; François Balleffa , Doéteur en Théologie ; Etienne Defprés, Doéteur de Sorbonne ; Jean Serra , Doéteur en Théologie, Coadjuteur : tous Prêtres ; & [à l'exception de Mefdits Sieurs le Grand Archidiacre & le Grand Sacriftain] fufnommés Chanoines de ladite Eglife , faifant & repréfentant la plus grande & la plus faine partie de leur très-Illuftre Chapitre Cathédral ; informés que le très-Haut & très-Puiffant Seigneur, Monfeigneur JOSEPH-AUGUSTIN DE MAILLY, Comte de Mailly , Marquis d'Haucourt, Baron de Saint Amand, Chatelain de la Roche-de-Vaux, d'Ouvres, la Faigne,

& Port-Aillan, Seigneur d'Affigny, de Saint-Leger, Tincourt, Saint-Marc, & autres Lieux; Lieutenant-Général des Armées du Roy, Infpecteur-Général de la Cavalerie & des Dragons, Gouverneur d'Abbeville, & Capitaine-Lieutenant des Gendarmes Ecoffois, Commandant la Gendarmerie de France, Lieutenant-Général de Rouffillon, Conflent, Cerdaigne, & Commandant en chef dans ces trois Provinces; Eft difpofé à prendre aujourd'hui même Poffeffion de la premiere Chanoinie d'honneur héréditaire, que le très-Illuftre Chapitre, excité par les plus juftes motifs & les fentimens réunis de refpect, d'admiration, d'amour & de reconnoiffance, vient de créer & ériger dans fon Eglife Cathédrale, pour fon Illuftre Bienfaiteur & Protecteur fpécial, ledit Seigneur JOSEPH-AUGUSTIN DE MAILLY D'HAUCOURT, fes Hoirs & Succeffeurs chefs de fa Maifon perpétuellement. Lefdits très-Illuftres Chanoines & Chapitre (en exécution de l'acte de Création & Erection de ladite premiere Chanoinie d'honneur héréditaire, retenu par le Notaire-Secretaire fouffigné, & par fon Adjoint ci-après nommé, qui en a auffi retenu minutte) ont député quatre de leurs Chanoines, Commiffaires fpéciaux, lefquels en Habit de Chœur, précédés du Maffier, fe font tranfportés chez mondit Seigneur le Comte de Mailly, qui revêtu d'un Manteau violet, doublé de fatin cramoifi, fur fon Habit de Lieutenant-Général des Armées du Roy, Chapeau orné d'un Panache rouge & blanc à la main, eft venu accompagné defdits Illuftres Chanoines députés, à la Porte principale de l'Eglife de Saint-Jean-Baptifte (où les Seigneur Evêque, Chanoines, Dignités & Chapitre ont été transférés par autorité du Saint Siége) & là ledit très-Illuftre Chapitre en Corps a reçu mondit Seigneur le Comte de Mailly, & l'a accompagné au Chœur; où il a pris la premiere Stale occupée ordinairement par M. le Grand Archidiacre, l'accoudoir de laquelle étoit orné d'un Tapis de velours cramoifi, ayant fous fes genoux un grand carreau; & tout de fuite on a chanté Complies en Mufique avec la pompe & les folemnités accoutumées dans les plus grandes Fêtes, fuivant l'ufage obfervé dans ladite Eglife, qui à cet effet étoit illuminé, & dont le maître-Autel étoit paré comme aux jours les plus folemnels, & a été donné à mondit Seigneur le Comte de Mailly, la diftribution manuelle: cette Cérémonie finie, ledit Seigneur Comte de Mailly a été accompagné par ledit très-Illuftre Chapitre dans le même ordre devant le maître Autel où il a fait fa priere, après laquelle il eft paffé avec le même cortége dans la Salle Capitulaire où il a pris la même Place d'honneur à côté du Préfident avec les mêmes marques de diftinction d'un Tapis & d'un Carreau; & a promis pour lui fefdits Hoirs & Succeffeurs chefs de fa Maifon, de défendre & protéger les biens, droits & honneurs defdits très-Illuftre Chapitre & Eglife Cathédrale, ainfi & de la même maniere que le font & faire doive pareils Protecteurs & Défenfeurs fpéciaux décorés du titre & rang de femblables Chanoinies d'honneur; quoi fait Mefdits Seigneurs fe font mutuellement félicités de cette affociation, auffi honorable audit très-Illuftre Chapitre, que digne dudit Seigneur Comte de Mailly d'Haucourt, premier Chanoine d'honneur de ladite Eglife Cathédrale d'Elne, & tout ce que deffus,

a été ainsi pour marque de la prise de Possession de la sudite premiere Chanoinie d'honneur héréditaire , conformément à l'acte de sa Création de ce jour-
d'hui. Fait & passé , lû & publié en plein Chapitre les jour & an que dessus
après les Vêpres du soir , en présence de la Noblesse, du Corps Militaire &
de tous autres Etats assemblés pour la présente Cérémonie , & spécialement
de Messieurs Pierre de Suc de Saint-Affrique , Brigadier des Armées du Roy ,
son Lieutenant au Gouvernement de cette Ville, & Jean de Redon , Chevalier des Ordres Militaires de Saint Louis & de Saint Lazare , Commandant de
la Citadelle de la même Ville, témoins qui ont signés avec lesdits Seigneurs
Parties & Nous ; Albert Ferriol Pastor , Notaire-Royal , Collégié de la même
Ville, Secretaire dudit très Illustre Chapitre Cathédral , & Me. Jean Andreu,
aussi Notaire-Royal & Collégié de la même Ville , Secretaire de mondit Seigneur l'Evêque, qui a signé le présent Acte par surabondance d'autenticité.
Signés le Comte DE MAILLY ; † C. F. A. Evêque d'Elne ; Serra Grand Ar-
chidiacre ; Saunier, Archidiacre de Conflent , & Chanoine d'Elne ; Balanda ,
Grand Sacristain d'Elne ; Coma ; Sabaly ; G. Ballessa ; Don Philippe de Co-
pons ; Costa , Chanoine d'Elne ; de Baniuls de Montferré ; P. Selva ; de Guanter ; l'Anglade ; Canta ; F. Serra ; Desbœufs ; Liquier, Chanoine ; Vidalier ,
Chanoine ; Boher , Chanoine ; Maurell ; Ballessa Lacreu ; Després ; Serra ;
Saint-Affrique ; Redon ; le Marquis de Saint Marçal ; le Marquis de Blanes ;
Gargas ; Don Antoine de Ros ; Noguer Pagés ; le Chevalier Doms de Montalt ;
Carrera ; Gaffard ; A. Jaubert ; le Chevalier Dortaffa ; Jaubert & Jorda ; Be-
zombes ; Selva, le Gendre, Bombes, Costa ; Cayals ; Andreu, Notaire-Secretaire
de Monseigneur l'Evêque de Perpignan ; Ferriol, Notaire-Secretaire. Controllé
à Perpignan le huit Août mil sept cent cinquante-huit, reçu six livres. *Signé* ,
REVERT.
    Et plus anciennes   à côté du Président (approuvons ces deux renvois) &
celui   surmonté d'un Collet.
    Et afin qu'a toujours , foi soit ajoûtée aux Présentes, nous Albert Ferriol
Pastor , Notaire-Secretaire susmentionné , qui avons retenu l'Acte de Création , & celui de prise de Possession ci-dessus, & qui en avons fait de notre
propre main la présente Expédition sur ces neuf feuilles de papier sans omis-
sion ni rature, après l'avoir Collationné en présence de nos Collégues ci-après
sur les Minuttes gardées dans les Archives du Chapitre Cathédral de Perpignan ; & ayant trouvé qu'il n'y avoit rien à corriger, avons tabellionné ces-
dites Présentes suivant le stile particulier des Notaires de cette Province de
Roussillon , & à cet effet, avons apposé notre Sceau manuel à côté duquel
par un surcroit d'autenticité, nous sommes signés avec paraphe. Signés Fer-
riole Notaire.
    Nous François Serre & Joseph Jausse Notaires-Royaux & du Collége Royal
des Notaires publics de cette Ville de Perpignan, certifions à qui il appartien-
dra, que Me. Albert Ferriol Pastor qui a écrit de sa propre main , & avec
nous collationné, tabellionné & signé avec grille & paraphe l'Extrait ci-
dessus , est Notaire-Royal & dudit Collége en la même Ville, que foi est

ajoutée à ſes Ecritures & Seings, tant en Jugement que dehors, & que le papier timbré n'eſt pas en uſage dans cette Province de Rouſſillon, en témoin dequoi avons donné ces Préſentes que nous avons ſignées avec grille & paraphe. A Perpignan le douziéme jour d'Août mil ſept cent cinquante-huit. Signés, J. JAMME Notaire, & FERRA Notaire.

Controllé à Perpignan, le 12 Août 1758.

Reçu douze ſols, Signé REVERT.

A PERPIGNAN,

De l'Imprimerie de GUILLAUME-SIMON LE COMTE, Imprimeur du Roi, & du Collége Royal de la Compagnie de JESUS.

AVEC PERMISSION. M. DCC. LVIII.

9 782329 631493